Impressum
Verlag: BABADADA GmbH, Nedderfeld 112 , 22529 Hamburg
Geschäftsführer / Verlagsleitung: Harald Hof
Druck: Books on Demand GmbH, In de Tarpen 42, 22848 Norderstedt

Imprint
Publisher: BABADADA GmbH, Nedderfeld 112 , 22529 Hamburg, Germany
Managing Director / Publishing direction: Harald Hof
Print: Books on Demand GmbH, In de Tarpen 42, 22848 Norderstedt, Germany

škola

школа

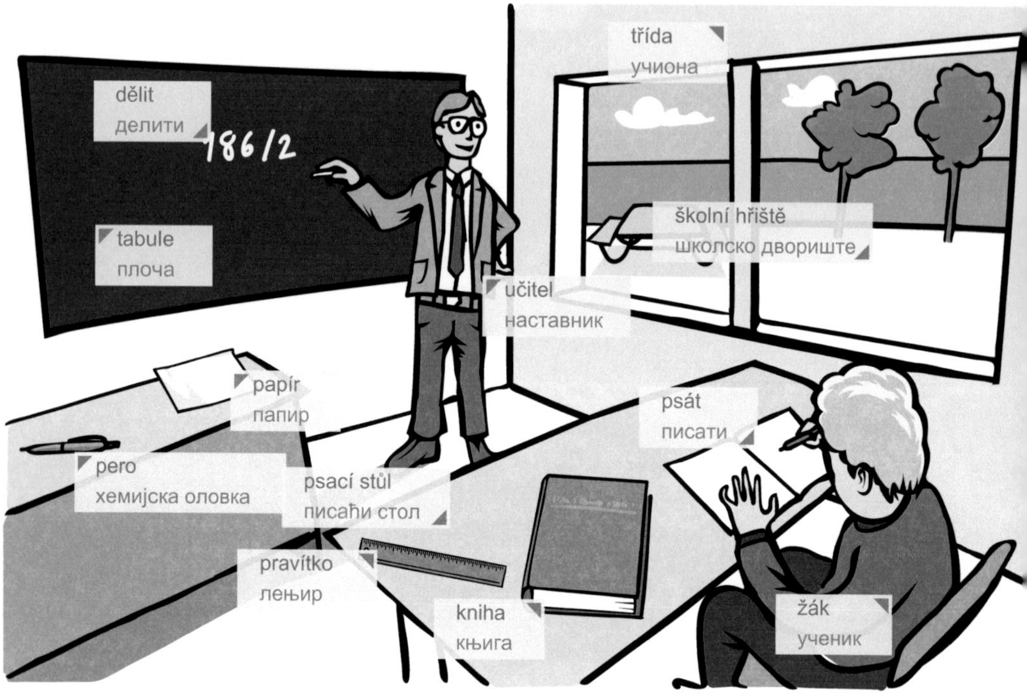

třída
учиона
dělit
делити
186/2
tabule
плоча
školní hřiště
школско двориште
učitel
наставник
papír
папир
psát
писати
pero
хемијска оловка
psací stůl
писаћи стол
pravítko
лењир
kniha
књига
žák
ученик

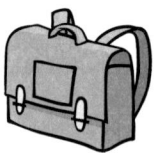

aktovka

торба

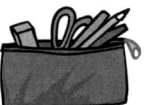

penál

перница

tužka

графитна оловка

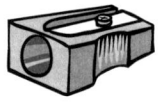

ořezávátko

шиљило за оловке

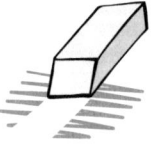

guma

гумица за брисање

blok na kreslení

блок за цртање

výkres

цртеж

štětec

кист

malířské potřeby

кутија са бојама

nůžky

маказе

lepidlo

лепило

cvičebnice

бележница

domácí úkol

домаћи задатак

počet

број

2+2

sčítat

сабирати

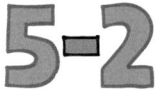

odčítat

одузимати

násobit

множити

počítat

рачунати

písmeno

слово

abeceda

абецеда

slovo

реч

text

текст

číst

читати

křída

креда

hodina

час

třídní kniha

дневник

zkouška

испит

vysvědčení

сведочанство

školní uniforma

школска униформа

vzdělání

образовање

encyklopedie

лексикон

univerzita

универзитет

mikroskop

микроскоп

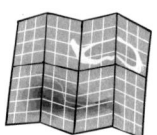

karta

карта

odpadkový koš na papír

кошара за папир

hotel
хотел

ubytovna
преноћиште

ROOMS

směnárna
мењачница

CHANGE

kufr
кофер

auto
ауто

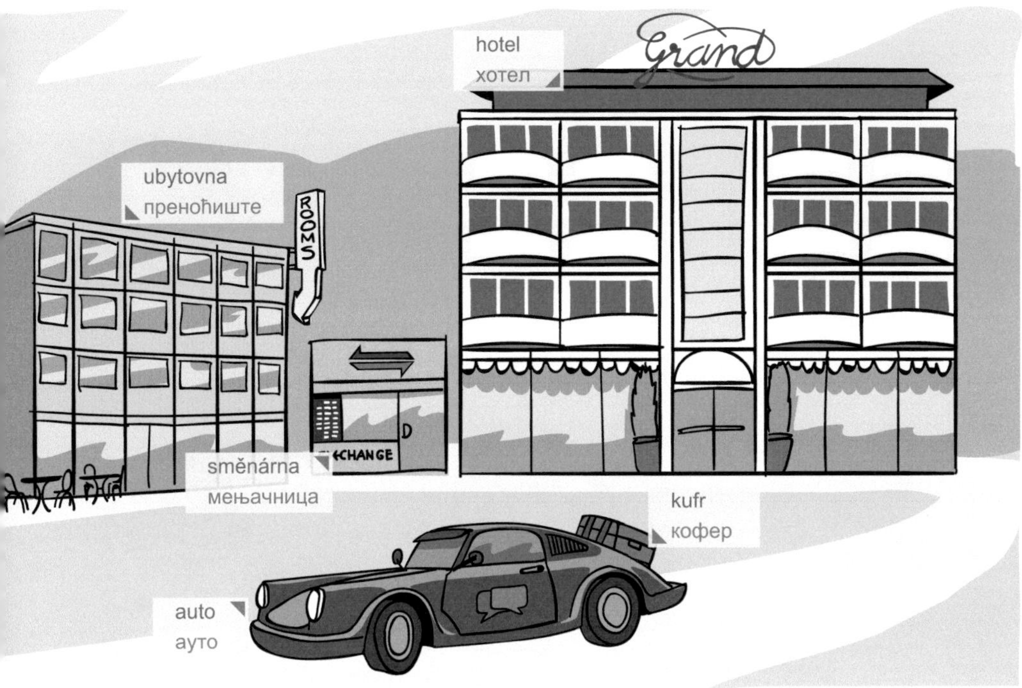

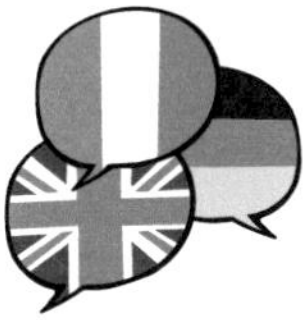

jazyk

језик

ano / ne

да / не

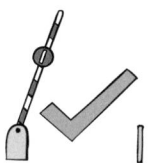

oukej

океј

Ahoj!

здраво

překladatel

преводилац

děkuji

хвала

Kolik stojí...?

Колико кошта...?

nerozumím

не разумем

problém

проблем

Dobrý večer!

добро вече!

Dobré ráno!

Добро јутро!

Dobrou noc!

Лаку ноћ!

na shledanou

довиђења

směr

смер

zavazadlo

пртљага

taška

торба

batoh

руксак

host

гост

pokoj

соба

spací pytel

врећа за спавање

stan

шатор

turistické informace
....
туристичке информације

pláž
....
плажа

kreditní karta
....
кредитна картица

snídaně
....
доручак

oběd
....
ручак

večeře
....
вечера

jízdenka
....
карта за вожњу

výtah
....
лифт

poštovní známka
....
поштанска маркица

hranice
....
граница

clo
....
царина

poselství
....
амбасада

vízum
....
виза

pas
....
пасош

transport

транспорт

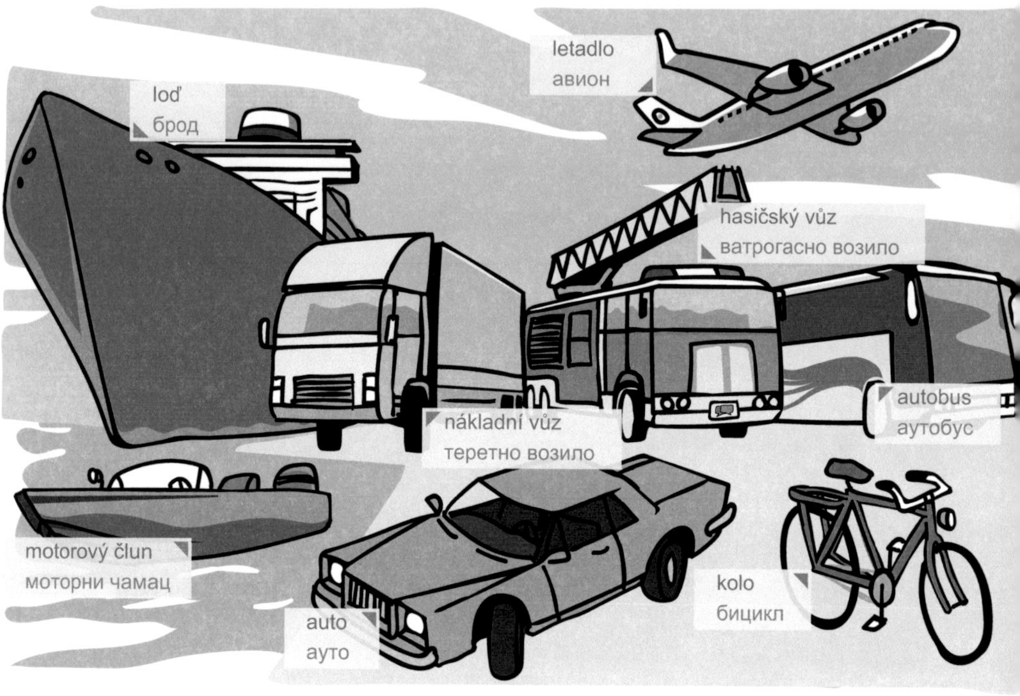

letadlo
авион
loď
брод
hasičský vůz
ватрогасно возило
autobus
аутобус
nákladní vůz
теретно возило
motorový člun
моторни чамац
kolo
бицикл
auto
ауто

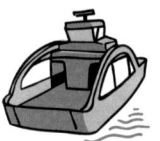

přívoz

трајект

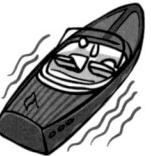

člun

чамац

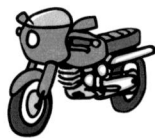

motorka

мотоцикл

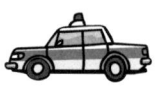

policejní auto

полицијски ауто

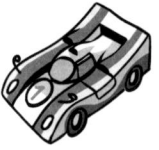

závodní auto

тркаћи ауто

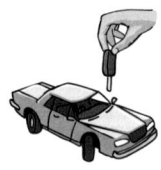

pronajaté auto

изнајмљено ауто

sdílení aut	odtahová služba	popelářský vůz
дељење аутомобила	вучно возило	возило за одвоз смећа

motor	palivo	čerpací stanice
мотор	бензин	бензинска станица

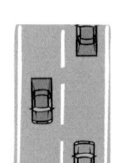 

dopravní značka	doprava	dopravní zácpa
саобраћајни знак	саобраћај	застој

parkoviště	vlakové nádraží	koleje
паркиралиште	железничка станица	шине

 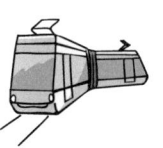 

vlak	tramvaj	vagón
воз	трамвај	вагон

helikoptéra

хеликоптер

letiště

аеродром

věž

кула

pasažér

путник

kontejner

контејнер

kartón

картон

trakař

колица

koš

корпа

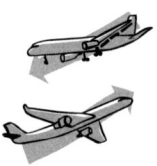

vzlétnout / přistát

узлетети / слетети

město

град

vesnice

село

střed města

центар града

dům

кућа

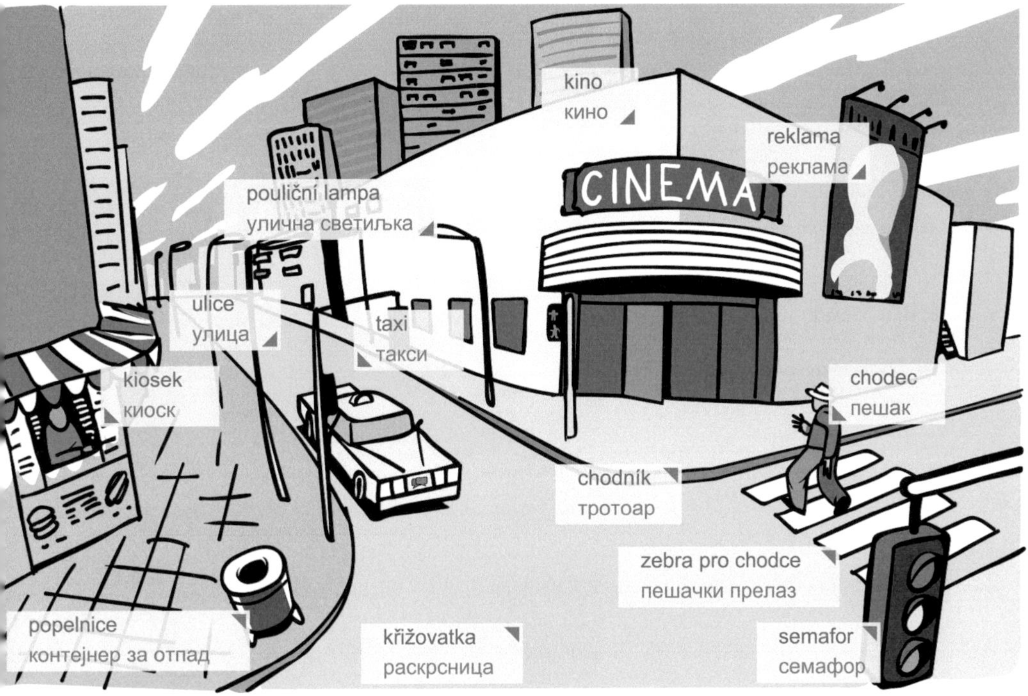

CINEMA

pouliční lampa / улична светиљка

kino / кино

reklama / реклама

ulice / улица

taxi / такси

kiosek / киоск

chodec / пешак

chodník / тротоар

zebra pro chodce / пешачки прелаз

popelnice / контејнер за отпад

křižovatka / раскрсница

semafor / семафор

chata

колиба

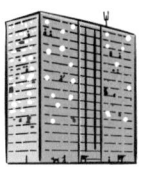

byt

стан

vlakové nádraží

железничка станица

radnice

већница

muzeum

музеј

škola

школа

univerzita

универзитет

banka

банка

nemocnice

болница

hotel

хотел

lékárna

апотека

kancelář

канцеларија

knihkupectví

књижара

obchod

продавница

květinářství

цвећара

supermarket

супермаркет

tržnice

трг

obchodní dům

робна кућа

rybárna

рибарница

nákupní centrum

трговачки центар

přístav

лука

park

парк

lavička

клупа

most

мост

schody

степенице

metro

подземна железница

tunel

тунел

autobusová zastávka

аутобуска станица

bar

бар

restaurace

ресторан

poštovní schránka

поштанско сандуче

pouliční tabule

улични знак

parkovací hodiny

паркирни аутомат

zoo

зоолошки врт

plovárna

базен

mešita

џамија

usedlost

сеоско газдинство

znečišťování životního prostředí

загађење околине

hřbitov

гробље

církev

црква

hřiště

игралиште

chrám

храм

krajina

пејсаж

list — лист

rozcestník — путоказ

cesta — пут

louka — ливада

kámen — камен

strom — дрво

turista — шетач

řeka — река

tráva — трава

květina — цвет

údolí

долина

hora

планина

jezero

језеро

les

шума

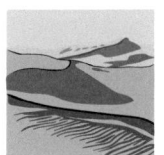

poušť

пустиња

sopka

вулкан

zámek

дворац

duha

дуга

houba

гљива

palma

палма

komár

москито

moucha

мува

mravenec

мрав

včela

пчела

pavouk

паук

brouk

буба

žába

жаба

veverka

веверица

ježek

јеж

zajíc

зец

sova

сова

pták

птица

labuť

лабуд

divoké prase

дивља свиња

jelen

јелен

los

лос

přehrada

насип

větrné kolo

ветрењача

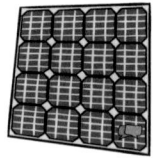

solární panel

соларна плоча

podnebí

клима

restaurace
ресторан

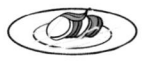

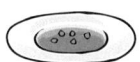

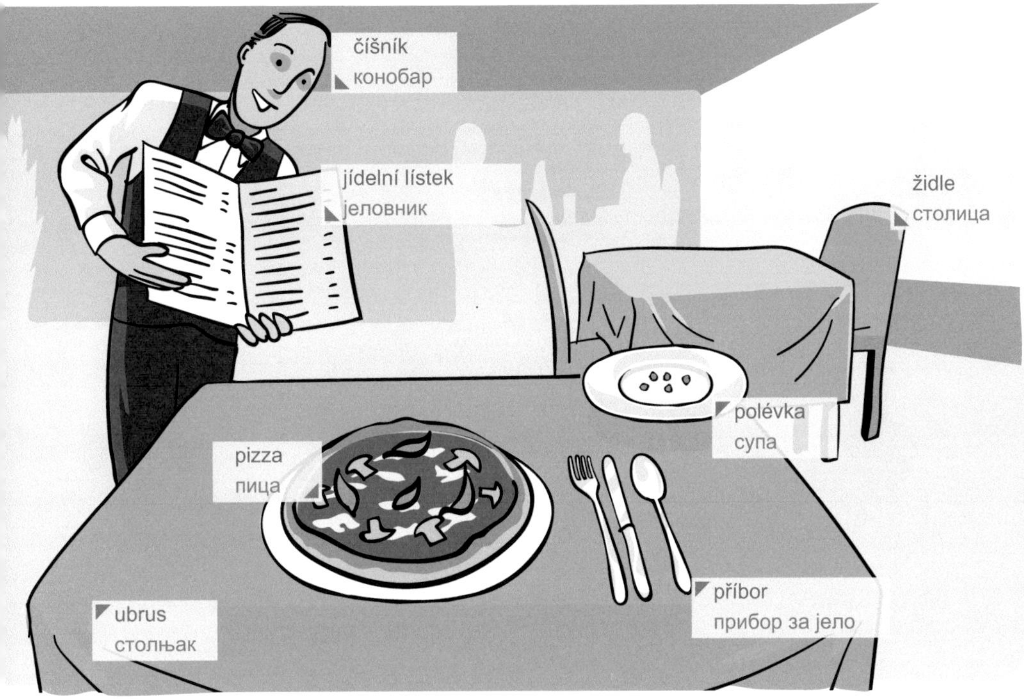

číšník
конобар
jídelní lístek
јеловник
židle
столица
polévka
супа
pizza
пица
příbor
прибор за јело
ubrus
столњак

předkrm

предјело

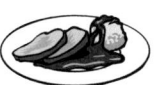

hlavní chod

главно јело

dezert

десерт

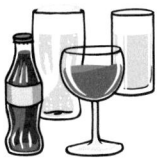

nápoje

напитци

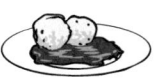

jídlo

јело

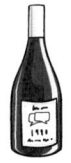

láhev

флаша

rychlé občerstvení

брза храна

pouliční občerstvení

имбис храна

čajová konvice

чајник

cukřenka

доза за шећер

porce

порција

kávovar na espresso

апарат за еспресо

dětská stolička

висока столица

faktura

рачун

tác

послужавник

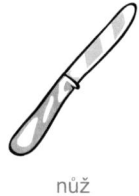

nůž

нож

vidlička

виљушка

lžíce

кашика

čajová lyžička

чајна кашика

ubrousek

салвета

sklenička

чаша

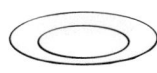

talíř

тањир

talíř na polévku

тањир за супу

podšálek

тањирић

omáčka

сос

slánka

сољенка

mlýnek na pepř

млин за бибер

ocet

сирће

olej

уље

koření

зачини

kečup

кечап

hořčice

сенф

majonéza

мајонеза

supermarket
супермаркет

nabídka
понуда
FOR
zákazník
купац
mléčné výrobky
млечни производи
ovoce
воће
nákupní vozík
колица за куповину

BUTCHERS

masna

месница

BAKERY

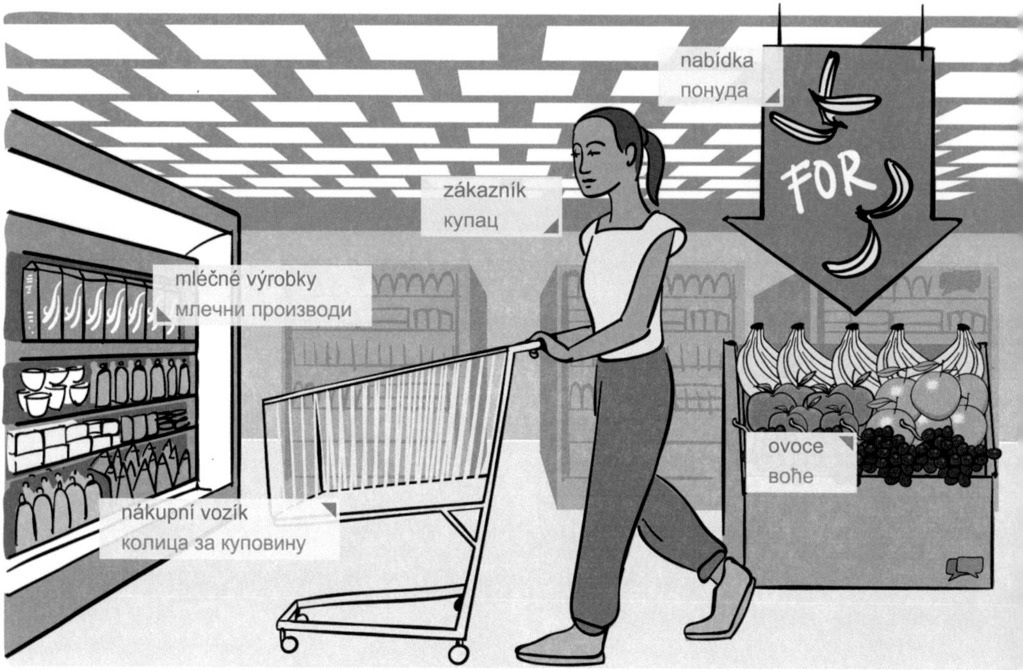

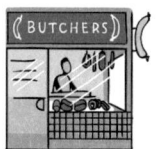

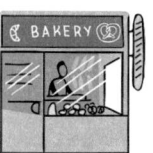

pekařství

пекара

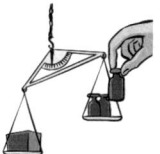

vážit

вагати

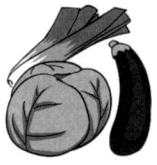

zelenina

поврће

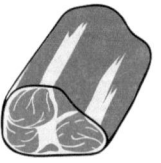

maso

месо

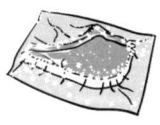

mražené potraviny

смрзнута храна

obložený talíř

нарезак

konzervy

конзерве

prací prášek

средство за прање

cukrovinky

слаткиши

výrobky pro domácnost

артикли за домаћинство

čisticí prostředek

средства за чишћење

prodavačka

продавачица

pokladna

благајна

pokladní

благајник

nákupní seznam

листа за куповину

otevírací doba

време рада

peněženka

новчаник

kreditní karta

кредитна картица

taška

торба

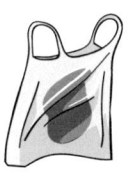

igelitová taška

пластична кеса

voda

вода

džus

сок

mléko

млеко

kola

кола

víno

вино

pivo

пиво

alkohol

алкохол

kakao

какао

čaj

чај

káva

кава

espresso

еспресо

kapučíno

капућино

banán

банана

jablko

јабука

pomeranč

наранџа

meloun

лубеница

citrón

лимун

mrkev

шаргарепа

česnek

бели лук

bambus

бамбус

cibule

лук

houba

гљива

ořechy

орашасти плодови

těstoviny

резанци

špageti

шпагете

rýže

рижа

salát

салата

hranolky

помфрит

americké brambory

печени крумпир

pizza

пица

hamburger

хамбургер

sendvič

сендвич

řízek

шницла

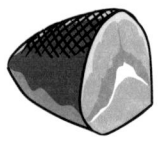

šunka

шунка

salám

салама

salám

кобасица

kuře

кокош

pečeně

печење

ryby

риба

ovesné vločky

зобене пахуљице

müsli

мусли

vločky

кукурузне пахуљице

mouka

брашно

croissant

кроасан

houska

пециво

chléb

хлеб

toast

тоаст

sušenky

кекси

máslo

маслац

tvaroh

свежи сир

buchta

колач

vejce

jaje

volské oko

jaje на око

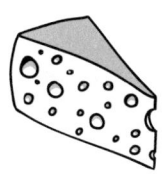

sýr

сир

zmrzlina

сладолед

cukr

шећер

med

мед

marmeláda

мармелада

nugátový krém

нугат крема

kari

кари

usedlost

сеоско газдинство

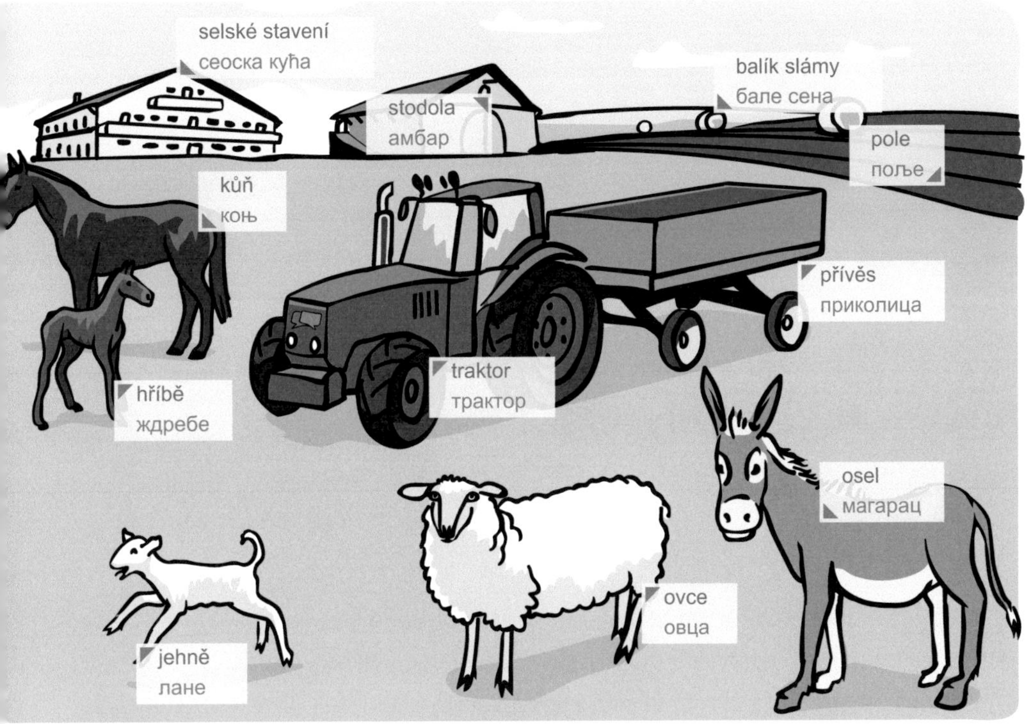

selské stavení
сеоска кућа
balík slámy
бале сена
stodola
амбар
pole
поље
kůň
коњ
přívěs
приколица
traktor
трактор
hříbě
ждребе
osel
магарац
ovce
овца
jehně
лане

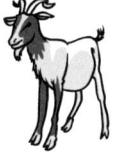

koza

коза

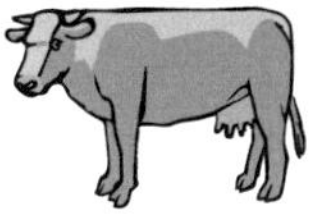

kráva

крава

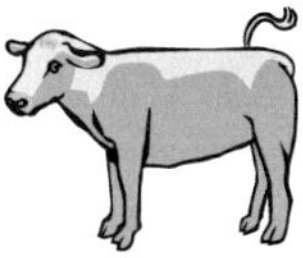

tele

теле

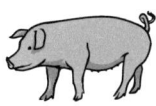

prase

свиња

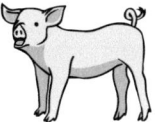

sele

прасе

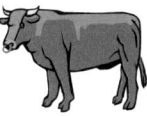

býk

бик

husa

гуска

kachna

патка

kuře

пилићи

slepice

кокош

kohout

петао

krysa

пацов

kočka

мачка

myš

миш

vůl

вол

pes

пас

psí bouda

кућица за пса

zahradní hadice

вртно црево

kropicí konev

канта за поливање

kosa

коса

pluh

плуг

usedlost - сеоско газдинство

srp

срп

motyka

мотика

vidle

виљушка за ђубриво

sekera

секира

kolecko

тачке

koryto

корито

konev na mléko

посуда за млеко

pytel

вређа

plot

ограда

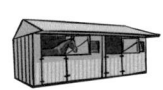

stáj

штала

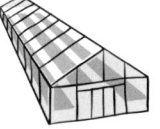

skleník

стакленик

půda

земља

osivo

семе

hnojivo

ђубриво

kombajn

комбајн

sklidit

жети

sklizeň

жетва

smldinec

јамс зачин

pšenice

пшеница

sója

соја

brambora

крумпир

kukuřice

кукуруз

řepka

уљана репица

ovocný strom

воћка

maniok

гомољ маниоке

obilí

житарице

dům
кућа

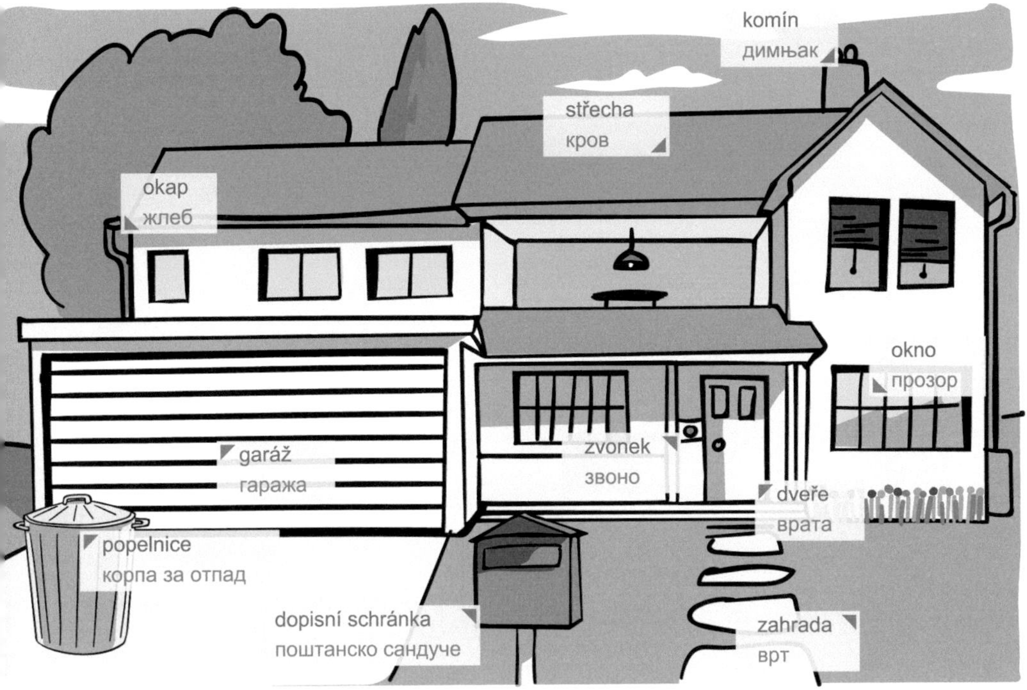
komín
димњак
střecha
кров
okap
жлеб
okno
прозор
zvonek
звоно
garáž
гаража
dveře
врата
popelnice
корпа за отпад
dopisní schránka
поштанско сандуче
zahrada
врт

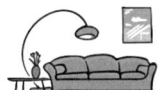

obývací pokoj

дневна соба

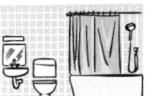

koupelna

купаоница

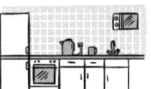

kuchyně

кухиња

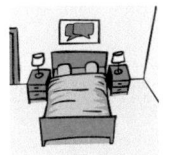

ložnice

спаваћа соба

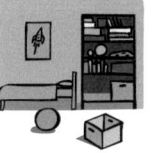

dětský pokoj

дечија соба

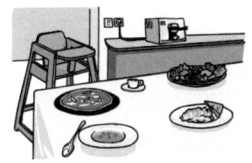

jídelna

трпезарија

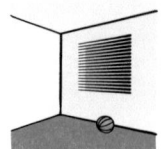

podlaha

под

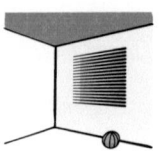

zeď

зид

deka

строп

sklep

подрум

sauna

сауна

balkón

балкон

terasa

тераса

bazén

базен

sekačka na trávu

косилица за траву

ložní prádlo

постељина за кревет

lůžková přikrývka

дека за кревет

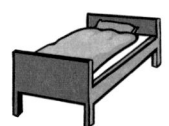

postel

кревет

smeták

метла

kýbl

канта

vypínač

прекидач

obývací pokoj

дневна соба

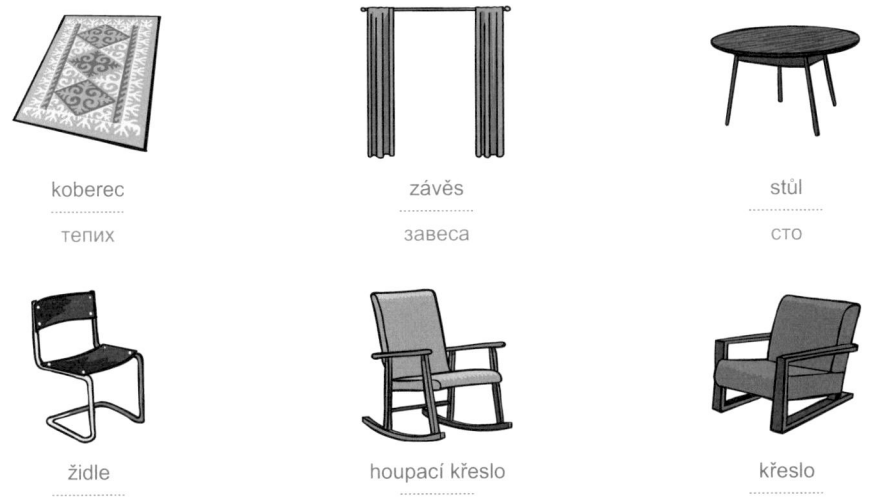

tapeta
тапета
obrázek
слика
žárovka
светиљка
police
регал
skříň
ормар
televizor
телевизија
komín
камин
květina
цвет
polštář
јастук
gauč
кауч
váza
ваза
dálkový ovladač
даљински управљач

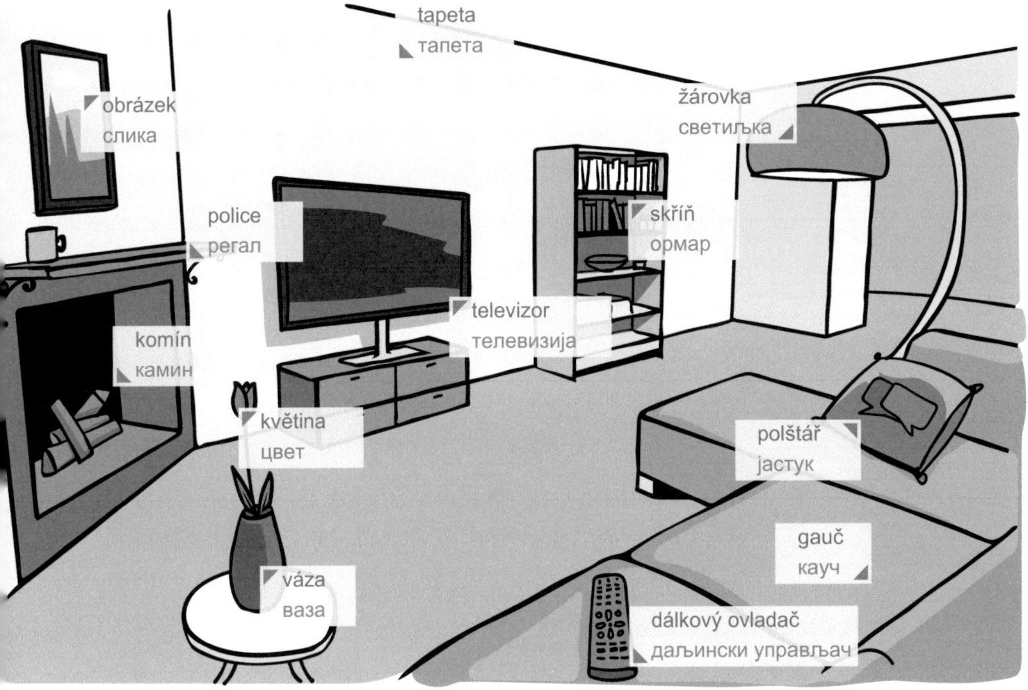

koberec

тепих

závěs

завеса

stůl

сто

židle

столица

houpací křeslo

столица за њихање

křeslo

фотеља

kniha

књига

strop

дека

ozdoba

декорација

palivové dříví

дрво за огрев

film

филм

stereo souprava

хи-фи уређај

klíč

кључ

noviny

новине

malba

слика на платну

plakát

постер

rádio

радио

poznámkový blok

блок за писање

vysavač

усисивач

kaktus

кактус

svíce

свећа

kuchyně
кухиња

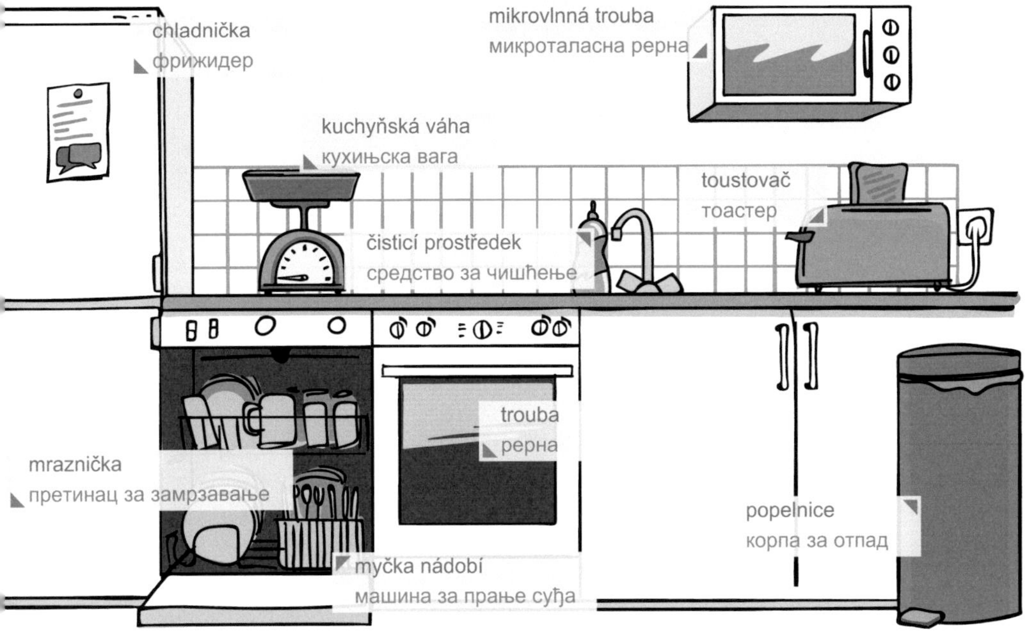
chladnička
фрижидер
mikrovlnná trouba
микроталасна рерна
kuchyňská váha
кухињска вага
toustovač
тоастер
čisticí prostředek
средство за чишћење
trouba
рерна
mraznička
претинац за замрзавање
popelnice
корпа за отпад
myčka nádobí
машина за прање суђа

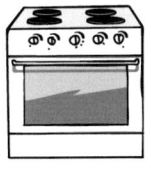

sporák
шпорет

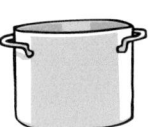

hrnec
лонац

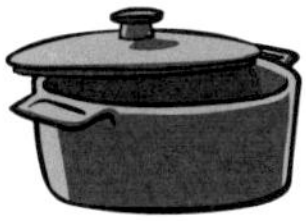

litinový hrnec
гвоздени лонац

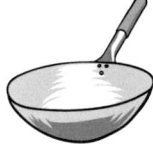

wok / kadai
вок / кадаи

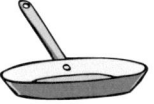

pánev
тава

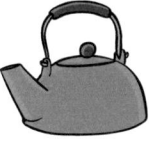

varná konvice
кувало за воду

parní hrnec

кувало на пару

plech na pečení

лим за печење

nádobí

посуђе

hrnek

чаша

miska

посуда

jídelní hůlky

штапићи за јело

naběračka

кутлача

obracečka

лопатица

metla

пењача

síto

сито за кување

cedník

сито

struhadlo

рибеж

hmoždíř

мужар

gril

роштиљ

ohniště

огњиште

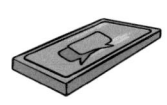

prkénko na krájení

даска

váleček na těsto

оклагија

vývrtka

вадичеп

dóza

конзерва

otvírák na konzervy

отварач конзерви

chňapka

крпа за лонац

umyvadlo

судопер

kartáč na nádobí

четка

houba

сунђер

mixér

миксер

mrazák

замрзивач

dětská lahev

флашица за бебе

kohoutek

славина за воду

koupelna
купаоница

topení
грејање
ručník
пешкир
sprcha
туш
sprchový závěs
завеса за туш
pěnová koupel
пенушава купка
vana
када
sklenička
чаша
pračka
машина за прање веша
kohoutek
славина за воду
obkladačky
плочице
nočník
тута
umyvadlo
судопер

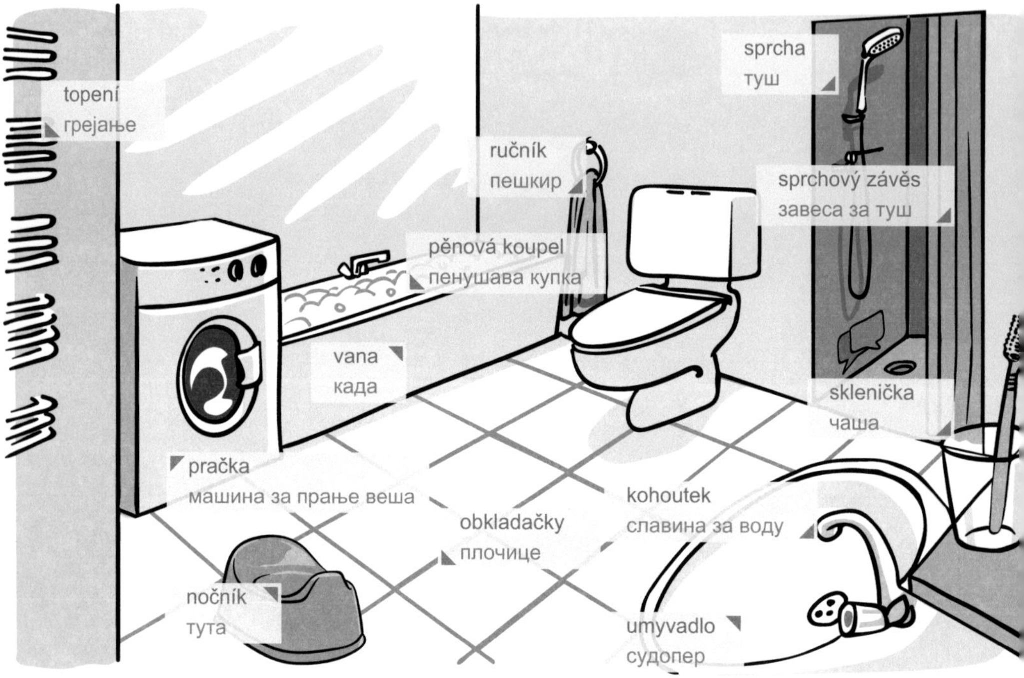

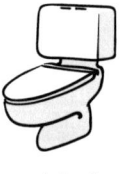

záchod

тоалет

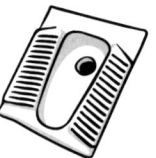

turecký záchod

чучавац

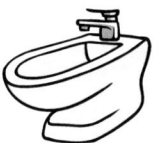

bidet

бидет

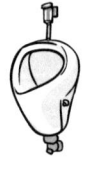

pisoár

писоар

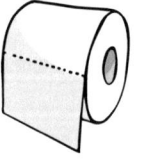

toaletní papír

тоалетни папир

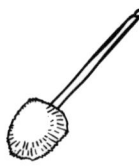

záchodová štětka

четка за тоалет

zubní kartáček

четкица за зубе

zubní pasta

паста за зубе

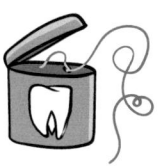

zubní niť

конац за зубе

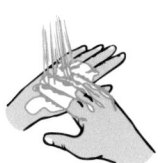

mýt

прати

ruční sprcha

туш ручица

intimní sprcha

туш за прање интимних делова

umyvadlo

лавор

kartáč na záda

четка за прање леђа

mýdlo

сапун

sprchový gel

гел за туширање

šampón

шампон

žínka

крпа за прање

odpad

одвод

krém

крема

deodorant

дезодоранс

zrcadlo

огледало

kosmetické zrcátko

козметичко огледало

holicí strojek

бријач

pěna na holení

пена за бријање

voda po holení

лосион за после бријања

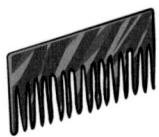

hřeben

чешаљ

kartáč

четка

fén

фен за косу

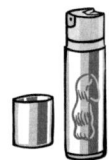

lak na vlasy

спреј за косу

makeup

шминка

rtěnka

руж за усне

lak na nehty

лак за нокте

vata

вата

nůžky na nehty

маказе за нокте

parfém

парфем

aška s toaletními potřebami

козметичка торбица

stolička

столица

váha

вага

župan

огртач

gumové rukavice

рукавице за чишћење

tampón

тампон

dámská vložka

уложак

chemická toaleta

хемијски тоалет

dětský pokoj

дечија соба

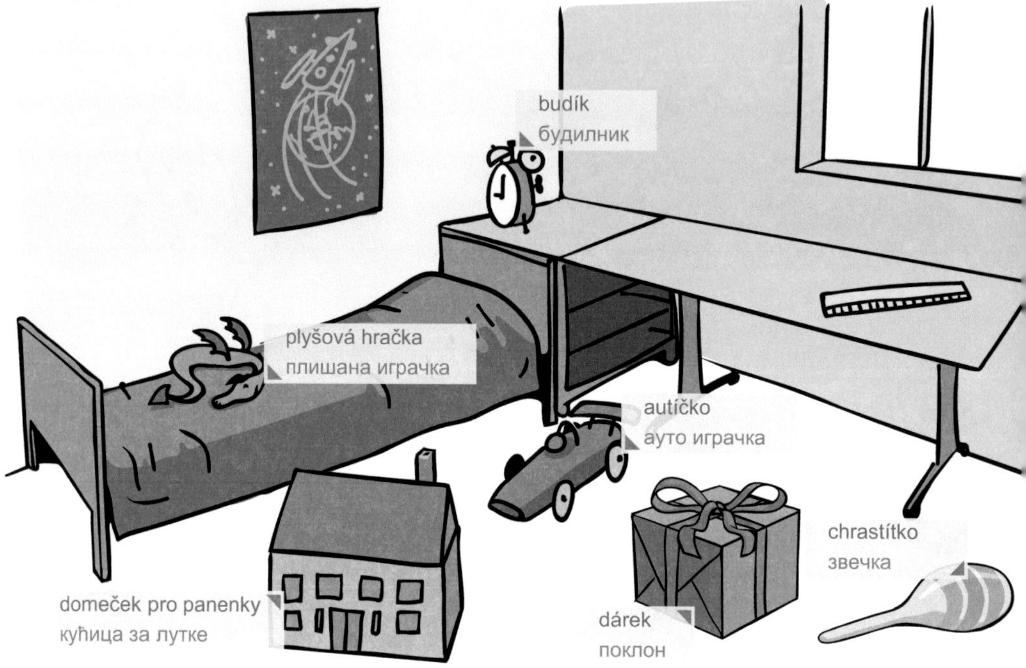
budík
будилник
plyšová hračka
плишана играчка
autíčko
ауто играчка
chrastítko
звечка
domeček pro panenky
кућица за лутке
dárek
поклон

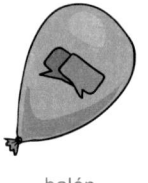

balón

балон

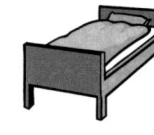

postel

кревет

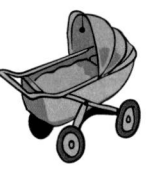

kočárek

дјечија колица

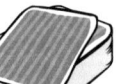

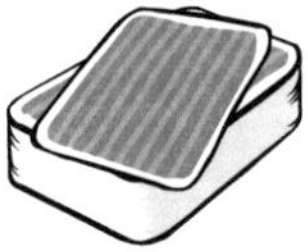
balíček karet

игра са картама

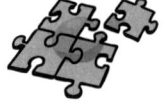

puzzle

слагалица

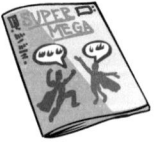

komiks

стрип

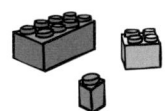

lego kostky

лего коцкице

stavebnice

коцкице за слагање

akční figurka

акциони јунак

dupačky

бенкица за бебе

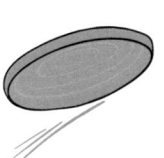

frisbee

фризби

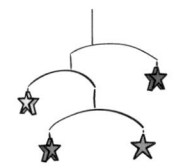

závěsné hračky nad postýlku

висеће играчке

desková hra

друштвене игре

kostky

коцка

modelová železnice

минијатурна жељезница

dudlík

дуда

oslava

забава

obrázková kniha

сликовница

míč

лопта

panenka

лутка

hrát si

играти

pískoviště

пешчаник

houpačka

љуљачка

hračky

играчка

hrací konzole

конзола за игре

tříkolka

трицикл

medvídek

теди

šatník

ормар

ponožky

кратке чарапе

punčochy

чарапе

punčochové kalhoty

хулахопке

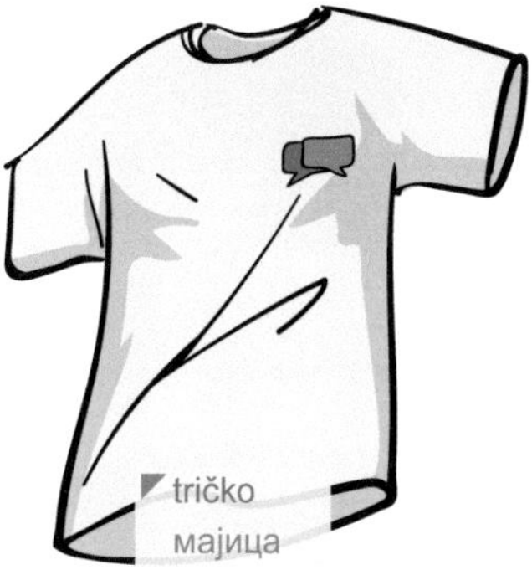

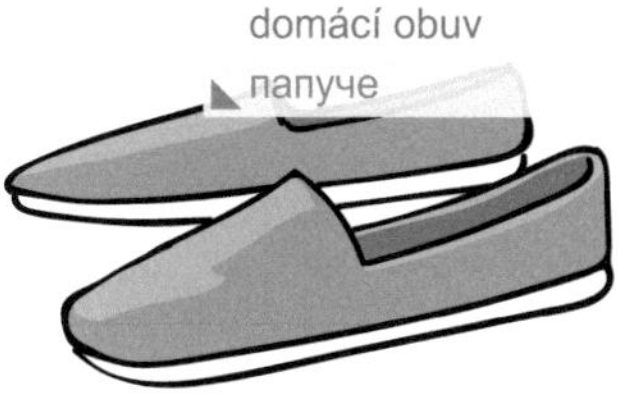

šála
шал

pásek
каиш

deštník
кишобран

tričko
мајица

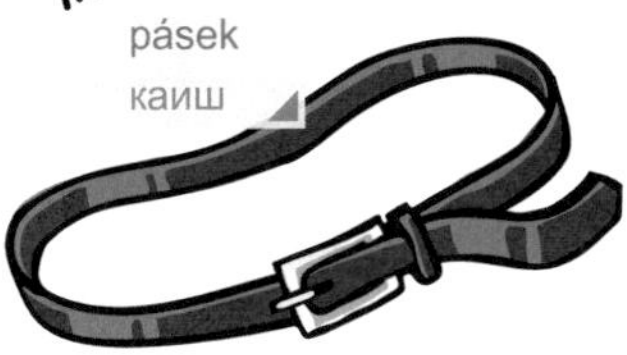

kozačky
чизме

domácí obuv
папуче

tenisky
патике

sandály

сандале

obuv

ципеле

holínky

гумене чизме

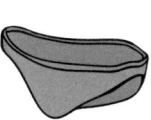

spodní prádlo

гаћице

podprsenka

грудњак

nátělník

поткошуља

body

боди

kalhoty

панталоне

džíny

фармерке

sukně

сукња

blůza

блуза

košile

кошуља

svetr

џемпер

mikina

џемпер с капуљачом

blejzr

сако

bunda

јакна

kabát

мантил

pláštěnka

кабаница

kostým

костим

šaty

хаљина

svatební šaty

венчаница

oblek

одело

noční košile

спаваћица

pyžamo

пиџама

sárí

сари

šátek na hlavu

марама за главу

turban

турбан

burka

бурка

kaftan

кафтан

abája

абаја

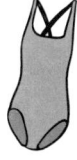

plavky

купаћи костим

pánské plavky

купаће гаћице

kraťasy

кратке панталоне

tepláková souprava

одећа за тренинг

zástěra

кецеља

rukavice

рукавице

knoflík

дугме

brýle

наочаре

náramek

наруквица

náhrdelník

огрлица

prsten

прстен

náušnice

наушница

čepice

капа

ramínko

вешалица

klobouk

шешир

kravata

краватa

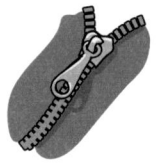

zip

патент затварач

helma

кацига

kšandy

нараменице

školní uniforma

школска униформа

uniforma

униформа

bryndák

подбрадак

dudlík

дуда

plena

пелена

kancelář
канцеларија

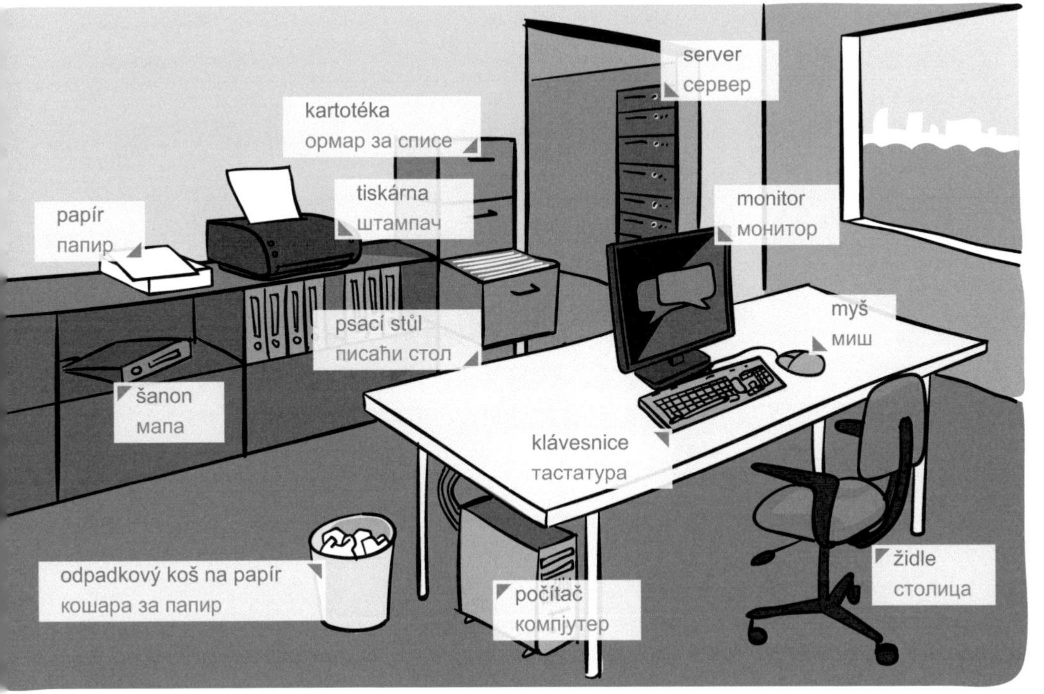

server
сервер

kartotéka
ормар за списе

tiskárna
штампач

monitor
монитор

papír
папир

psací stůl
писаћи сто

myš
миш

šanon
мапа

klávesnice
тастатура

odpadkový koš na papír
кошара за папир

počítač
компјутер

židle
столица

hrnek na kávu

шалица за каву

kalkulačka

калкулатор

internet

интернет

notebook

лаптоп

dopis

писмо

zpráva

порука

mobil

мобилни телефон

síť

мрежа

kopírka

уређај за копирање

software

софтвер

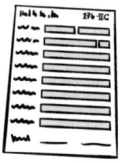

telefon

телефон

zásuvka

утичница

fax

факс

formulář

формулар

dokument

документ

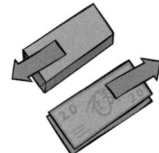

nakupovat

куповати

zaplatit

платити

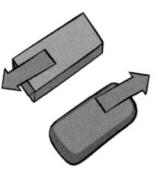

jednat

трговати

peníze

новац

**USD**

dolar

долар

**EUR**

euro

евро

**JPY**

jen

јен

**RUB**

rubl

рубља

**CHF**

frank

швајцарски франак

**CNY**

juan

ренминдби јуан

**INR**

rupie

рупија

bankomat

аутомат за новац

směnárna

мењачница

zlato

злато

stříbro

сребро

olej

нафта

energie

енергија

cena

цена

smlouva

уговор

daň

порез

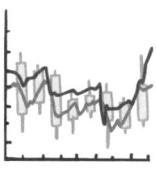

akcie

деонице

pracovat

радити

zaměstnanec

службеник

zaměstnavatel

послодавац

továrna

фабрика

obchod

продавница

povolání
занимања

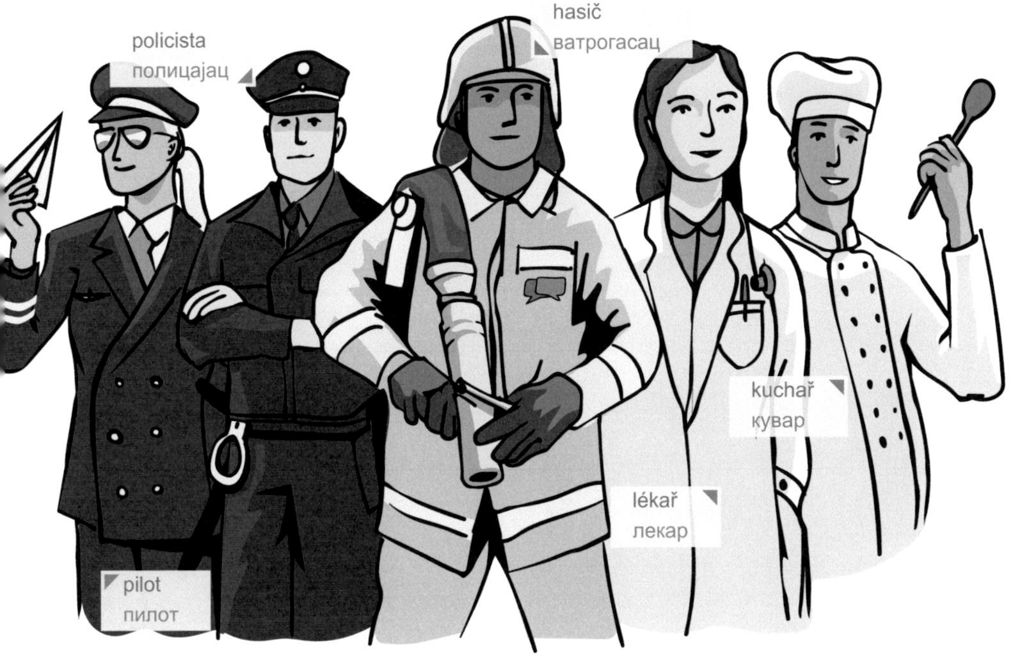
policista
полицајац
hasič
ватрогасац
kuchař
кувар
lékař
лекар
pilot
пилот

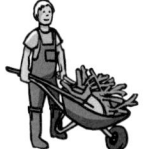

zahradník

вртлар

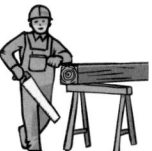

truhlář

столар

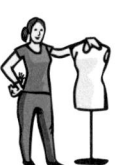

švadlena

кројачица

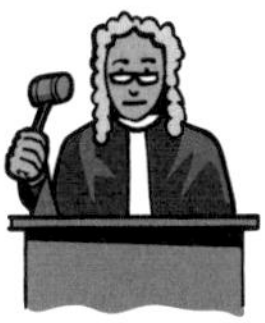

soudce

судија

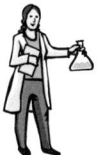

chemik

хемичар

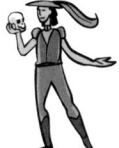

herec

глумац

řidič autobusu

возач аутобуса

řidič taxi

возач таксија

rybář

рибар

uklízečka

чистачица

pokrývač

кровопокривач

číšník

конобар

myslivec

ловац

malíř

сликар

pekař

пекар

elektrikář

електричар

stavební dělník

грађевински радник

inženýr

инжењер

řezník

месар

klempíř

лимар

listonoš

поштар

voják

војник

architekt

архитекта

pokladní

благајник

florista

цвећар

kadeřník

фризер

průvodčí

кондуктер

mechanik

механичар

kapitán

капетан

zubař

зубар

vědec

научник

rabín

раби

imám

имам

mnich

монах

duchovní

свећеник

nářadí

алати

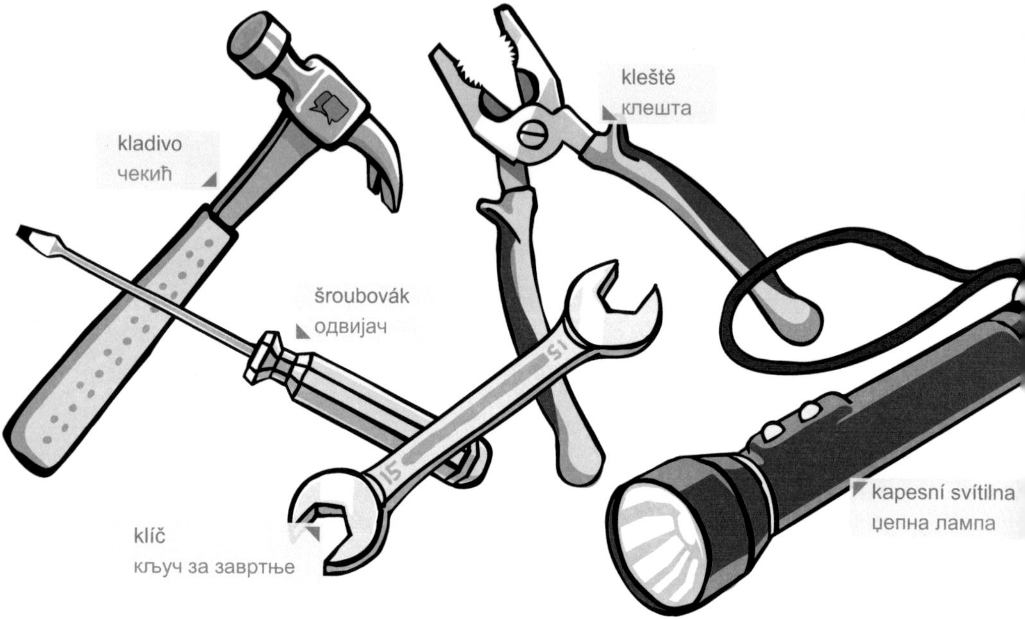
kladivo
чекић
kleště
клешта
šroubovák
одвијач
kapesní svítilna
џепна лампа
klíč
кључ за завртње

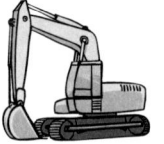

bagr

багер

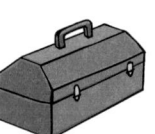

skříň na nářadí

кутија за алат

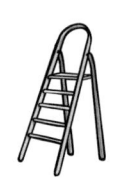

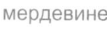

žebřík

мердевине

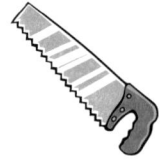

pila

пила

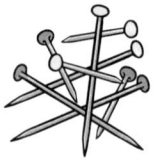

hřebíky

ексер

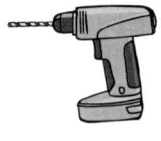

vrtačka

бушилица

opravit

поправити

lopata

лопата

Kurva!

до ђавола!

lopatka

лопатица

vědroé na barvu

лонац за боју

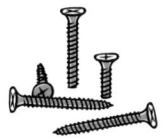

šrouby

завртањи

hudební nástroje
музички инструмент

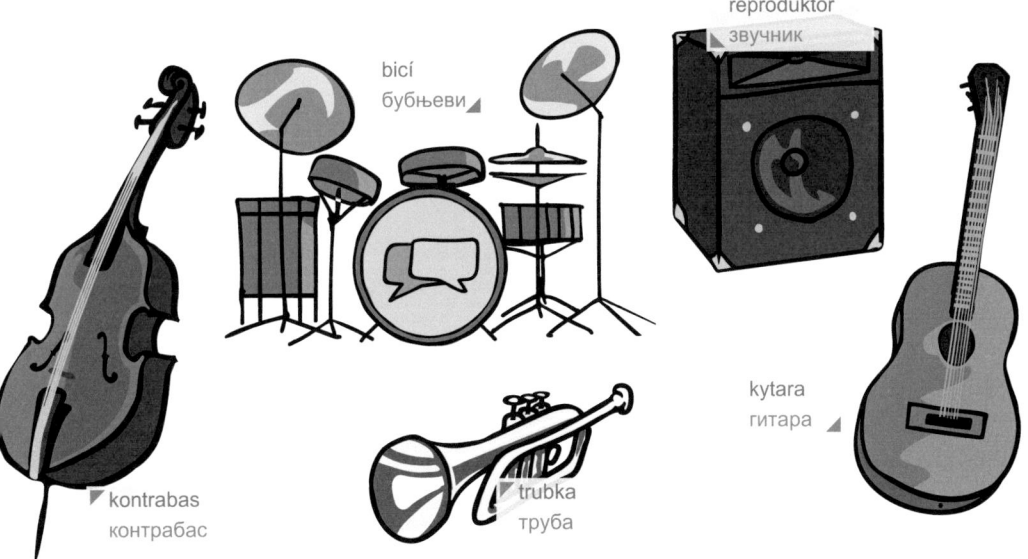

reproduktor
звучник

bicí
бубњеви

kontrabas
контрабас

trubka
труба

kytara
гитара

klavír

клавир

housle

виолина

basa

бас

tympán

тимпани

bubny

удараљке за бубњеве

keyboard

типке клавира

saxofon

саксофон

flétna

флаута

mikrofon

микрофон

ZOO

зоолошки врт

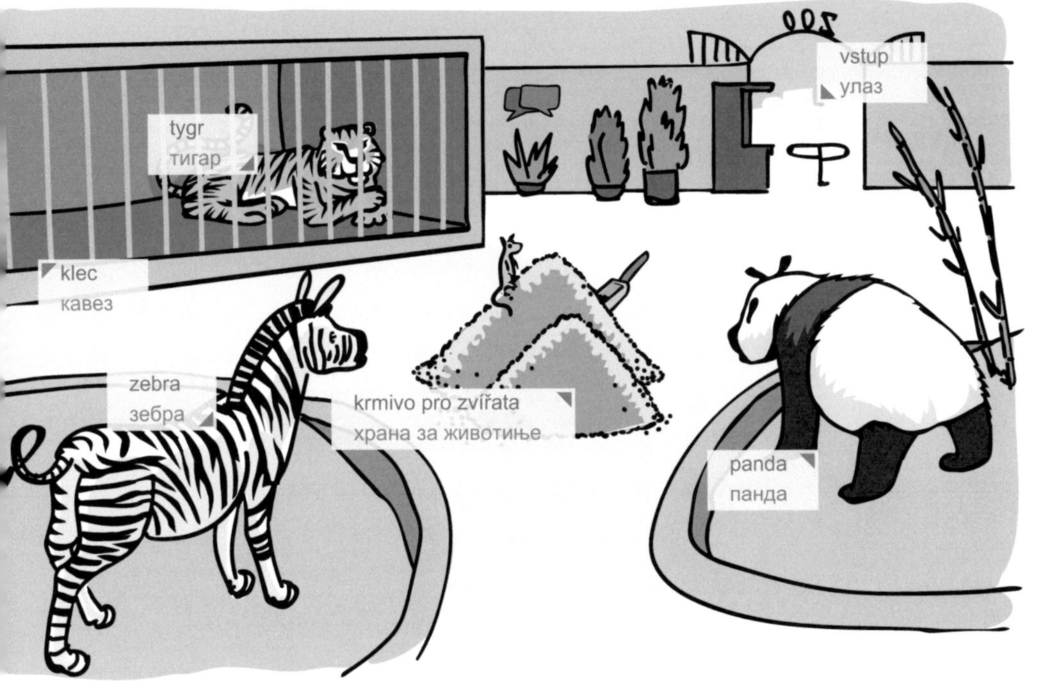

zoo
vstup
улаз
tygr
тигар
klec
кавез
zebra
зебра
krmivo pro zvířata
храна за животиње
panda
панда

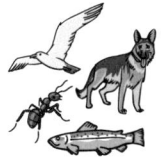

zvířata

животиње

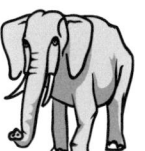

slon

слон

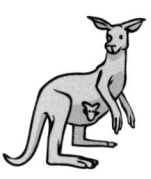

klokan

кенгур

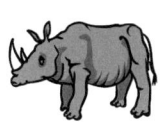

nosorožec

носорог

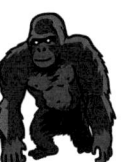

gorila

горила

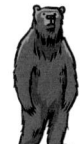

medvěd

медвед

velbloud

камила

pštros

ноj

lev

лав

opice

маjмун

plameňák

фламинго

papoušek

папагаj

lední medvěd

поларни медвед

tučňák

пингвин

žralok

аjкула

páv

паун

had

змиjа

krokodýl

крокодил

ošetřovatel zvířat

чувар у зоолошком врту

tuleň

туљан

jaguár

jагуар

poník

пони

leopard

леопард

hroch

нилски коњ

žirafa

жирафа

orel

орао

divoké prase

дивља свиња

ryby

риба

želva

корњача

mrož

морж

liška

лисица

gazela

газела

americký fotbal
амерички ногомет

cyklistika
бициклизам

tenis
тенис

košíková
кошарка

plavání
пливање

box
бокс

lední hokej
хокеј на леду

kopaná
фудбал

badminton
бадминтон

lehká atletika
атлетика

házená
рукомет

běh na lyžích
скијање

vodní pólo
поло

aktivity
активности

smát se
смејати се
skočit
скочити
objímat
загрлити
jít
ићи
zpívat
певати
snít
сањати
modlit se
молити се
políbit
пољубити

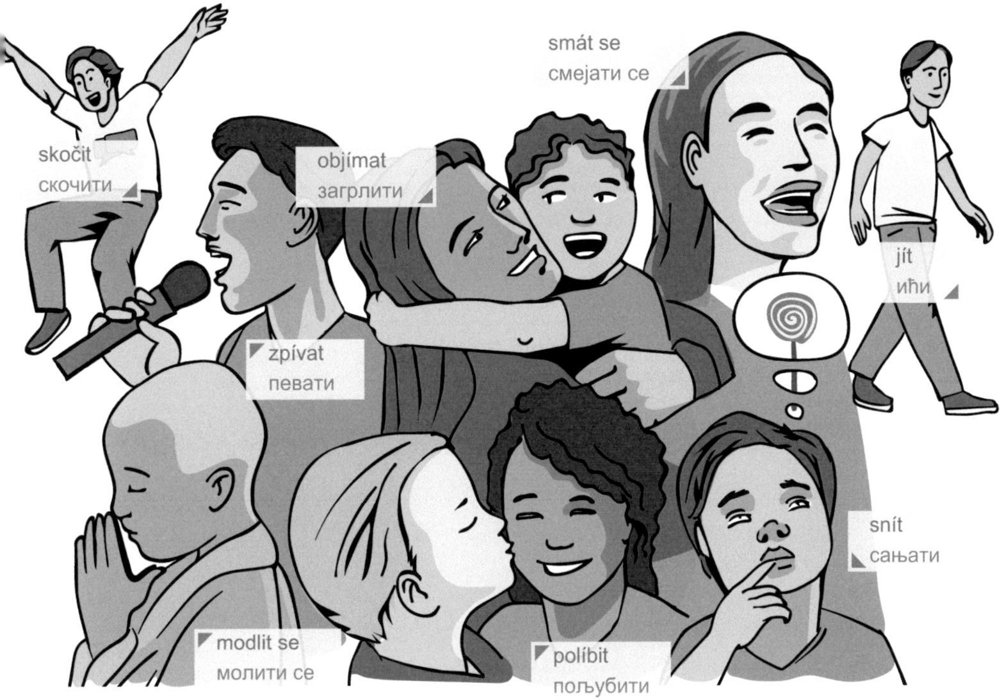

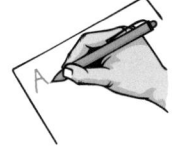

psát

писати

kreslit

цртати

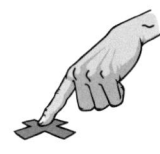

ukazovat

показати

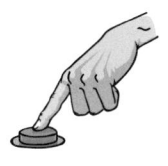

tlačit

гурати

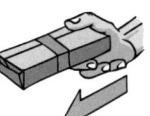

dát

дати

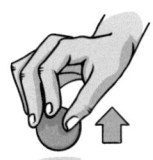

vzít si

узети

mít

имати

dělat

чинити

být

бити

stát

стojати

běhat

трчати

táhnout

повлачити

hodit

бацити

padat

падати

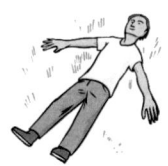

ležet

лежати

čekat

чекати

nosit

носити

sedět

седити

oblékat

облачити

spát

спавати

vzbudit se

пробудити се

prohlédnout si

гледати

plakat

плакати

pohladit

миловати

česat

чешљати

hovořit

говорити

rozumět

разумети

ptát se

питати

slyšet

слушати

pít

пити

jíst

јести

uklidit

поспремити

milovat

волети

vařit

кухати

jet

возити

letět

летети

plachtit

пловити

počítat

рачунати

číst

читати

učit se

учити

pracovat

радити

vzít si

венчати се

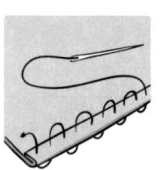

šít

шити

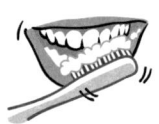

čistit si zuby

прати зубе

zabít

убити

kouřit

пушити

poslat

послати

babička
бака

dědeček
деда

otec
отац

matka
мајка

dítě
беба

dcera
кћерка

syn
син

host

гост

teta

тетка

strýc

ујак, стриц

bratr

брат

sestra

сестра

tělo

тело

čelo
чело
oko
око
rameno
раме
prst
прст
obličej
лице
brada
брада
ruka
рука
dolní končetina
нога
hruď
груди
paže
рука

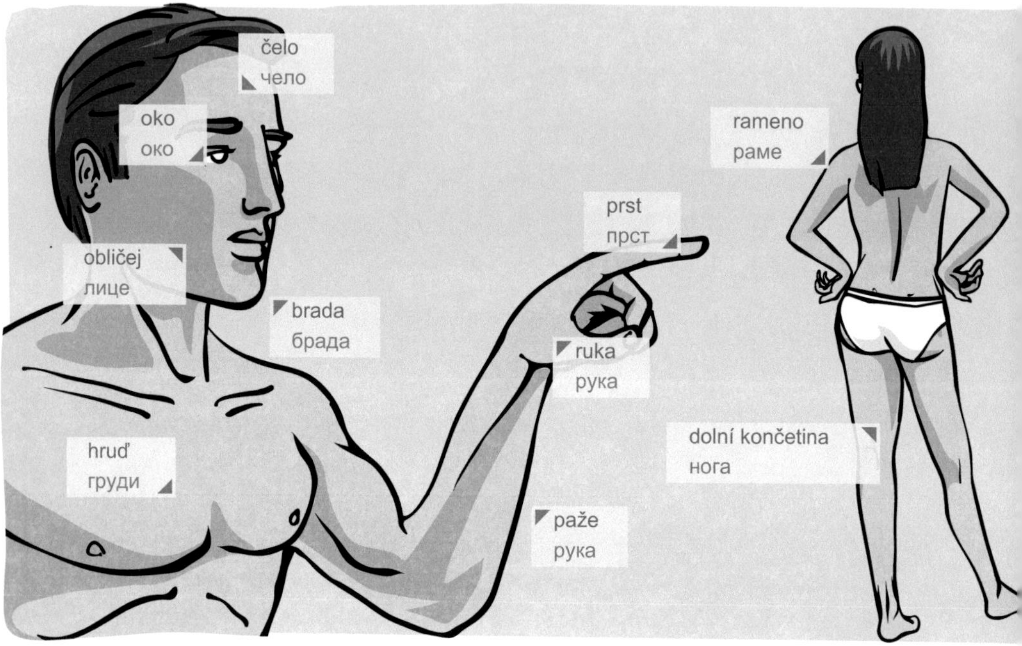

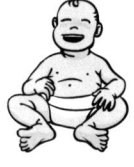

dítě

беба

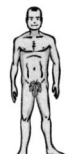

muž

мушкарац

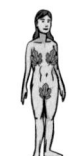

žena

жена

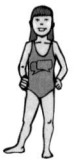

dívka

девојчица

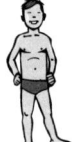

chlapec

дечак

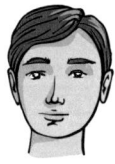

hlava

глава

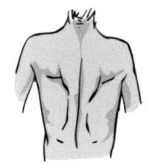

zába

леђа

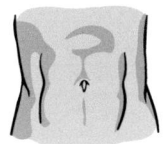

břicho

стомак

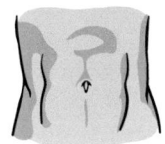

pupík

пупак

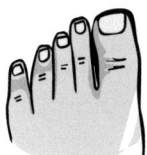

prst na noze

ножни прст

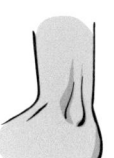

pata

пета

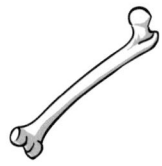

kost

кост

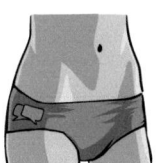

bok

кукови

koleno

колено

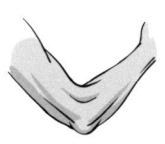

loket

лакат

nos

нос

zadek

задњица

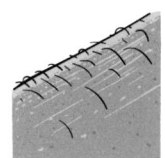

kůže

кожа

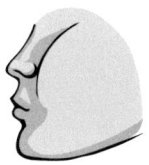

tvář

образ

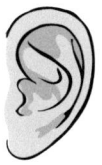

ucho

уво

ret

усна

ústa

уста

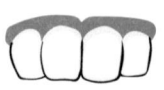

zub

зуб

jazyk

језик

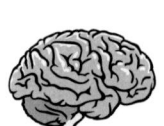

mozek

мозак

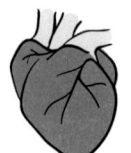

srdce

срце

sval

мишић

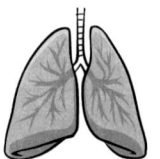

plíce

плућа

játra

јетра

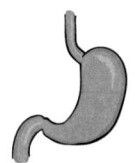

žaludek

желудац

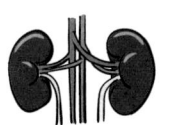

ledviny

бубрези

pohlavní styk

полни однос

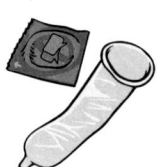

kondom

кондом

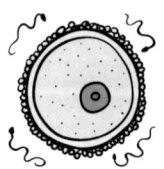

vajíčko

јајна ћелија

sperma

сперма

těhotenství

трудноћа

tělo - тело

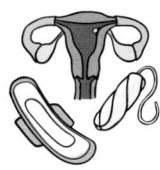

menstruace

менструација

vagina

вагина

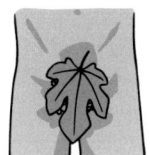

penis

пенис

obočí

обрва

vlasy

коса

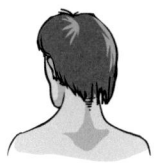

krk

врат

nemocnice
болница

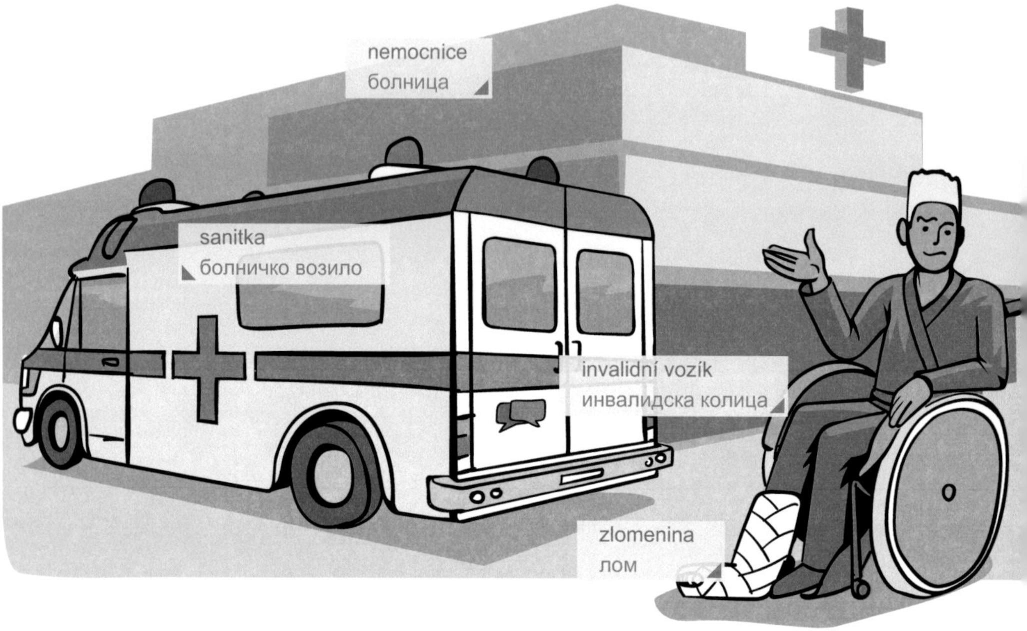

nemocnice
болница
sanitka
болничко возило
invalidní vozík
инвалидска колица
zlomenina
лом

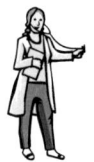

lékař

лекар

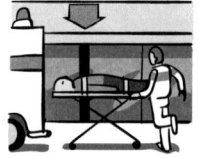

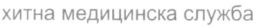

pohotovost

хитна медицинска служба

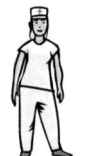

zdravotní sestra

медицинска сестра

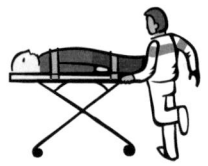

urgentní případ

хитни случај

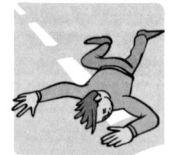

v bezvědomí

несвест

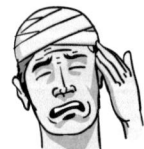

bolest

бол

úraz

повреда

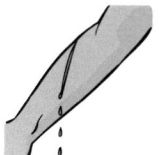

krvácení

крварење

infarkt myokardu

срчани удар

cévní mozková příhoda

удар

alergie

алергија

kašel

кашаљ

horečka

грозница

chřipka

грипа

průjem

пролив

bolest hlavy

главобоља

rakovina

рак

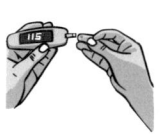

cukrovka

дијабетес

chirurg

хирург

skalpel

скалпел

operace

операција

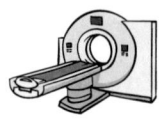

CT
цт

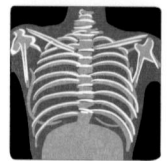

rentgen
рентген

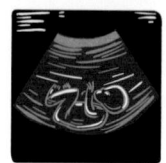

ultrazvuk
ултразвук

maska
маска

nemoc
болест

čekárna
чекаона

berle
штака

náplast
фластер

obvaz
завој

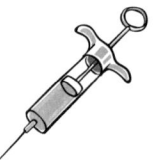

injekce
ињекција

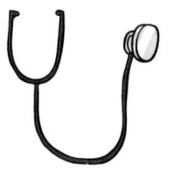

stetoskop
стетоскоп

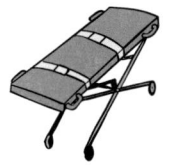

nosítka
носила

teploměr
термометар

porod
рођење

nadváha
прекомерна тежина

nemocnice - болница

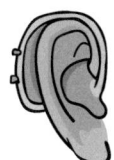

naslouchátko

слушни апарат

dezinfekční prostředek

средство за дезинфекцију

infekce

инфекција

virus

вирус

HIV / AIDS

хив / аидс

lékařství

медицина

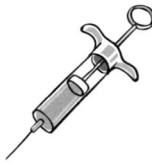

očkování

вакцинација

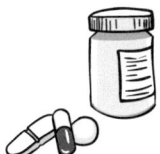

tablety

таблете

pilulka

пилула

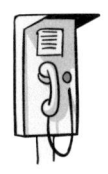

tísňové volání

хитни позив

tonometr

уређај за мерење притиска

nemocný / zdravý

болесно / здраво

Pomoc!

помоћ!

poplach

аларм

přepadení

насртај

napadení

напад

nebezpečí

опасност

nouzový východ

излаз у случају нужде

Hoří!

пожар!

hasicí přístroj

противпожарни апарат

nehoda

незгоца

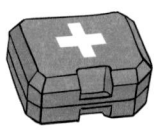

zdravotnická brašna

кутија прве помоћи

SOS

сос

policie

полиција

Evropa

Европа

Severní Amerika

Северна Америка

Jižní Amerika

Јужна Америка

Afrika

Африка

Asie

Азија

Austrálie

Аустралија

Atlantik

Атлантик

Pacifik

Пацифик

Indický oceán

Индијски океан

Jižní ledový oceán

Антарктички океан

Severní ledový oceán

Арктички океан

severní pól

Северни рол

jižní pól

Јужни рол

Antarktida

Антарктик

země

земља

pevnina

земља

moře

море

ostrov

оток

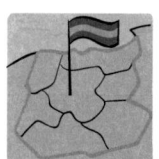

národ

нација

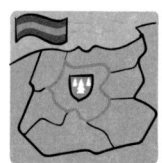

stát

држава

ciferník

брОЈчаник сата

hodinová ručička

сатна казаљка

minutová ručička

минутна казаљка

vteřinová ručička

секундна казаљка

Kolik je hodin?

Колико је сати?

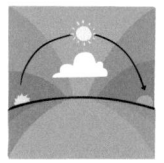

den

дан

čas

време

teď

сада

digitální hodinky

дигитални сат

minuta

минута

hodina

час

týden
седмица

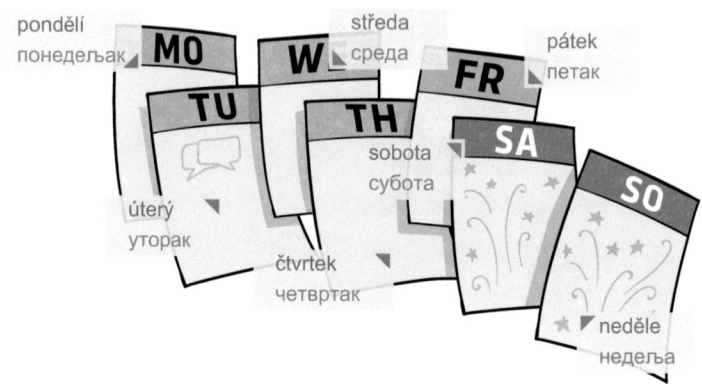

pondělí / понедељак — MO
středa / среда — W
pátek / петак — FR
úterý / уторак — TU
čtvrtek / четвртак — TH
sobota / субота — SA
neděle / недеља — SO

včera

jуче

dnes

данас

zítra

сутра

ráno

jутро

poledne

подне

večer

вече

MO	TU	WE	TH	FR	SA	SU
1	2	3	4	5	6	7
8	9	10	11	12	13	14
15	16	17	18	19	20	21
22	23	24	25	26	27	28
29	30	31	1	2	3	4

pracovní dny

радни дани

MO	TU	WE	TH	FR	SA	SU
1	2	3	4	5	6	7
8	9	10	11	12	13	14
15	16	17	18	19	20	21
22	23	24	25	26	27	28
29	30	31	1	2	3	4

víkend

викенд

déšť
киша

duha
дуга

sníh
снег

vítr
ветар

jaro
пролеħе

podzim
jесен

léto
лето

zima
зима

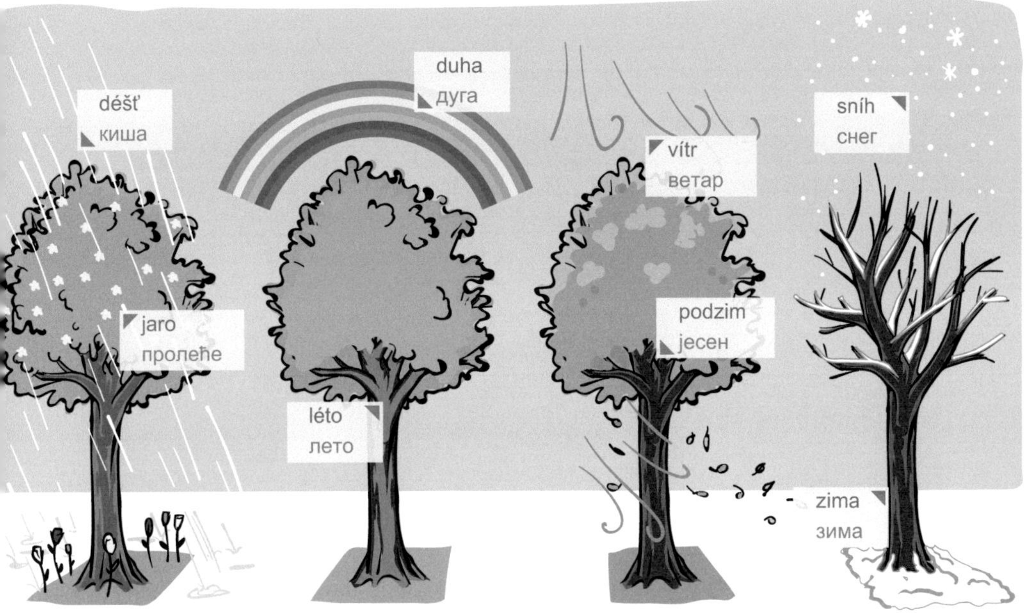

předpověď počasí

метеоролошка прогноза

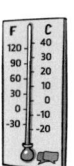

teploměr

термометар

sluneční svit

сунчана светлост

mrak

облак

mlha

магла

vlhkost

влажност ваздуха

blesk

муња

hrom

грмљавина

bouřka

олуја

kroupy

туча

monzun

монсун

povodeň

поплава

led

лед

leden

јануар

únor

фебруар

březen

март

duben

април

květen

мај

červen

јуни

červenec

јули

srpen

август

rok - година

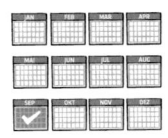

zář í
....
септембар

říjen
....
октобар

listopad
....
новембар

prosinec
....
децембар

tvary
облици

kruh
....
круг

čtverec
....
квадрат

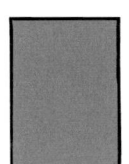
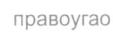

obdélník
....
правоугао

trojúhelník
....
троугао

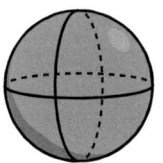

koule
....
кугла

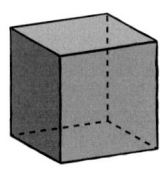

krychle
....
коцка

bílá

бела

žlutá

жута

oranžová

наранџаста

růžová

ружичаста

červená

црвена

fialová

љубичаста

modrá

плава

zelená

зелена

hnědá

смеђа

šedá

сива

černá

црна

hodně / málo

много / мало

rozzuřený / mírumilovný

љутито / мирно

krásný / ošklivý

лепо / ружно

začátek / konec

почетак / крај

velký / malý

велико / малено

světlý / tmavý

светло / тамно

bratr / sestra

брат / сестра

čistý / špinavý

чисто / прљаво

úplný / neúplný

потпуно / непотпуно

den / noc

дан / ноћ

mrtvý / živý

мртво / живо

široký / úzký

широко / уско

jedlý / nejedlý

jестиво / нejество

zlý / hodný

зло / добро

vzrušený / znuděný

узбуђено / досадно

tlustý / hubený

дебело / мршаво

nejdříve / naposledy

на почетку / на крају

přítel / nepřítel

пријатељ / непријатељ

plný / prázdný

пуно / празно

tvrdý / měkký

тврдо / мекано

těžký / lehký

тешко / лагано

hlad / žízeň

глад / жеђ

nemocný / zdravý

болесно / здраво

ilegální / legální

илегално / легално

inteligentní / hloupý

паметно / глупо

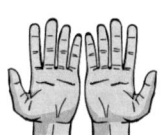

vlevo / vpravo

лево / десно

blízko / daleko

близу / далеко

protiklady - супротности

nový / použitý

ново / половно

nic / něco

ништа / нешто

starý / mladý

старо / младо

zapnutý / vypnutý

укључено / искључено

otevřeno / zavřeno

отворено / затворено

tichý / hlasitý

тихо / гласно

bohatý / chudý

богато / сиромашно

správný / špatný

тачно / погрешно

drsný / hladký

храпаво / глатко

smutný / šťastný

тужно / сретно

krátký / dlouhý

кратко / дуго

pomalý / rychlý

полако / брзо

vlhký / suchý

мокро / сухо

teplý / chladný

топло / хладно

válka / mír

рат / мир

0

nula

нула

1

jedna

један

2

dva

два

3

tři

три

4

čtyři

четири

5

pět

пет

6

šest

шест

7

sedm

седам

8

osm

осам

9

devět

девет

10

deset

десет

11

jedenáct

једанаест

12

dvanáct

дванаест

13

třináct

тринаест

14

čtrnáct

четрнаест

15

patnáct

петнаест

16

šestnáct

шестнаест

17

sedmnáct

седамнаест

18

osmnáct

осамнаест

19

devatenáct

деветнаест

20

dvacet

двадесет

100

sto

стотину

1.000

tisíc

хиљаду

1.000.000

milion

милион

angličtina

енглески

americká angličtina

амерички енглески

standardní čínština

мандарински кинески

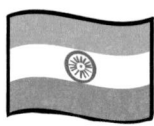

hindština

хиндски

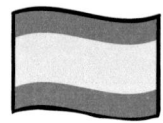

španělština

шпански

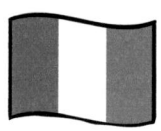

francouzština

француски

arabština

арапски

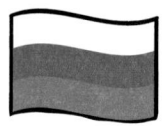

ruština

руски

portugalština

португалски

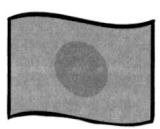

bengálština

бенгалски

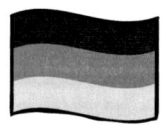

němčina

немачки

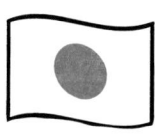

japonština

јапански

já

ja

ty

ти

on / ona / ono

он / она / оно

my

ми

vy

ви

oni

они

Kdo?

Ко?

Co?

Шта?

Jak?

Како?

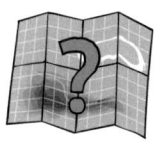

Kde?

Где?

Kdy?

Када?

jméno

име

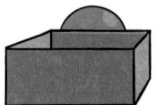

za

иза

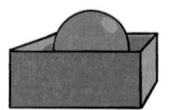

do

у

z

испред

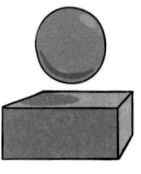

nad

преко

na

на

mezi

испод

vedle

поред

mezi

између

místo

место